Cherry Hartman

Un temps pour être bien dans sa peau

Illustré par R.W. Alley

Traduit de l'anglais (États-Unis)
par Michel Bigot
et Sophie de Gaulmyn

cerf

Publié par One Caring Place
Abbey Press
St. Meinrad, Indiana 47577

29, bd Latour-Maubourg, 75340 Paris Cedex 07
ISBN : 2-204-05447-X

Avant-propos

Au fil de notre vie, nous finissons tous par prendre des habitudes. Certaines d'entre elles sont déprimantes parce qu'elles semblent nous démontrer que nous n'évoluons pas.

Te sens-tu mal à l'aise lorsque tu exprimes ta colère ? As-tu honte de tes sentiments ? Te tracasses-tu lorsque tu commets une erreur ou lorsque tu échoues ? Te sens-tu coupable lorsque tu penses d'abord à toi ?... Autant d'idées sur toi-même qui sont des obstacles à ton plein épanouissement.

Un temps pour être bien dans sa peau t'offre les moyens de les surmonter. Sois bon avec toi-même, savoure ce livre et laisse ces conseils te libérer pour une vie plus harmonieuse.

1

Fais-toi confiance.

Au fond tu sais bien ce que
tu veux et ce qu'il te faut.

2

Vas-y, pense à toi,
ne t'oublie pas.
Comment veux-tu exister
aux yeux des autres
si tu n'es rien pour toi-même ?

3

Dis ce que tu ressens,

ça vaut le coup.

4

Dis ce que tu penses,

ça fait du bien.

5

Crois à tes idées,
elles sont bonnes.

6

Les autres attendent
beaucoup de toi.
Prends quand même
le temps de respirer.

7

Même si cela te semble trop

loin, n'aie pas peur de rêver.

Tu te sentiras bien.

8

Quand ça ne va pas,
dis-le à un copain.
Si tu le gardes pour toi,
c'est encore pire.

9

Si tu paniques, au lieu de fuir, retourne-toi et observe. Après, tu pourras décider quoi faire.

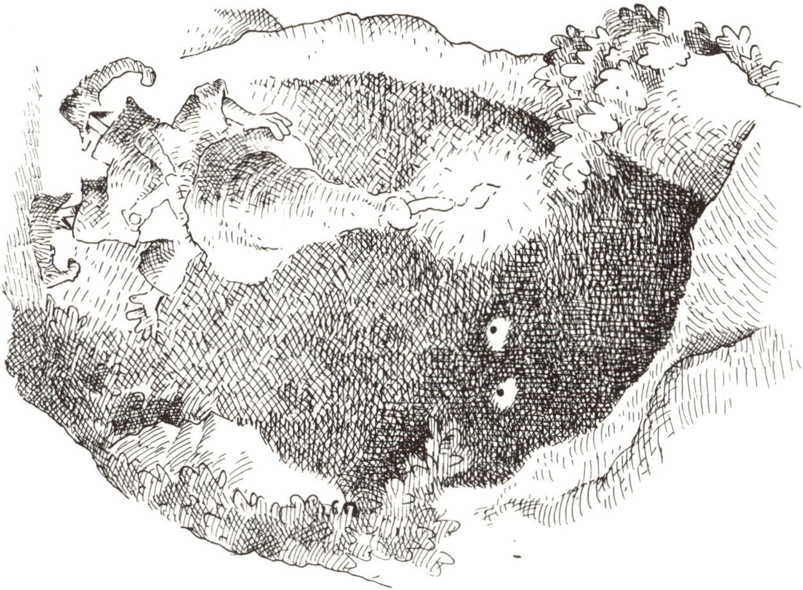

10

Si tu es hors de toi,

ne te laisse pas piéger,

admets-le.

Tu es encore libre de ruminer,

d'exploser ou d'agir.

11

Tu es triste.

Imagine ce qui te
remonterait le moral.

12

Garder pour soi un affront
n'arrange rien,
bien au contraire.
Si quelqu'un t'a blessé,
essaie de lui en parler.

13

Quand tu rencontres
quelqu'un qui souffre,
prends du recul.
On ne t'a jamais demandé
de rendre tout le monde
heureux.

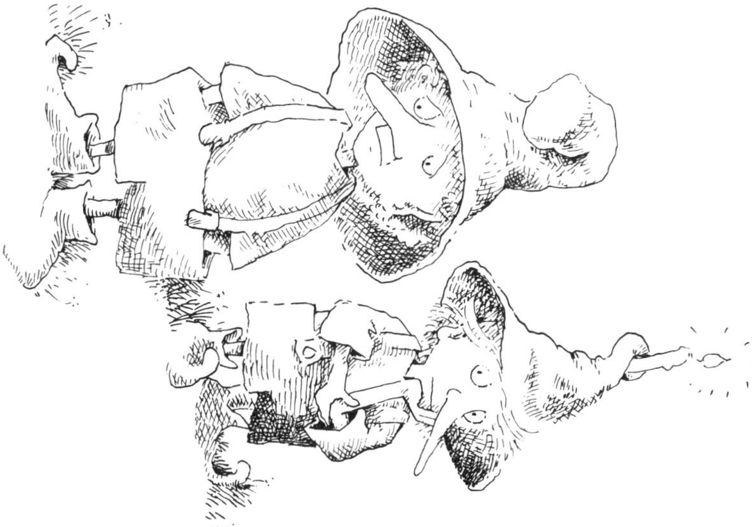

14

Quand une montagne
de travail te tombe dessus
et que tu n'as aucune envie
de t'y mettre, laisse de côté
ce qui peut attendre
et attaque ce qui est
vraiment urgent.

15

Si tu attends quelque chose
de quelqu'un, sois simple,
demande-le lui.
S'il dit non, au moins
tu le sauras.
Demander est un moyen
de savoir.

16

N'hésite pas à demander
qu'on t'aide.
Fais-le de telle sorte
que les gens restent libres
de te dire non.

17

Si on te laisse tomber,
cherche quelqu'un d'autre.
Le problème ne vient
probablement pas de toi.

18

Quand tu te sens seul,
pense à ceux qui aiment être
avec toi et imagine
que tu les retrouves.
Fais alors tout ce qu'il faut
pour que ça se réalise.

19

Quand tu as peur du futur,
pense à ce qui peut arriver
de pire et imagine
que tu t'en sors.

MAI
JUIN
JUILLET
AOÛT

20

Si tu as envie de dire
ton affection à quelqu'un,
n'hésite pas.
Exprimer ses sentiments
ne lie pas pour la vie.

21

Si quelqu'un explose de colère
contre toi, tiens le coup.
Relaxe-toi dans ta chaise ou
prends bien appui sur tes pieds.
N'oublie pas de respirer à fond.
Essaie de découvrir le message
qu'il cherche maladroitement
à te transmettre.

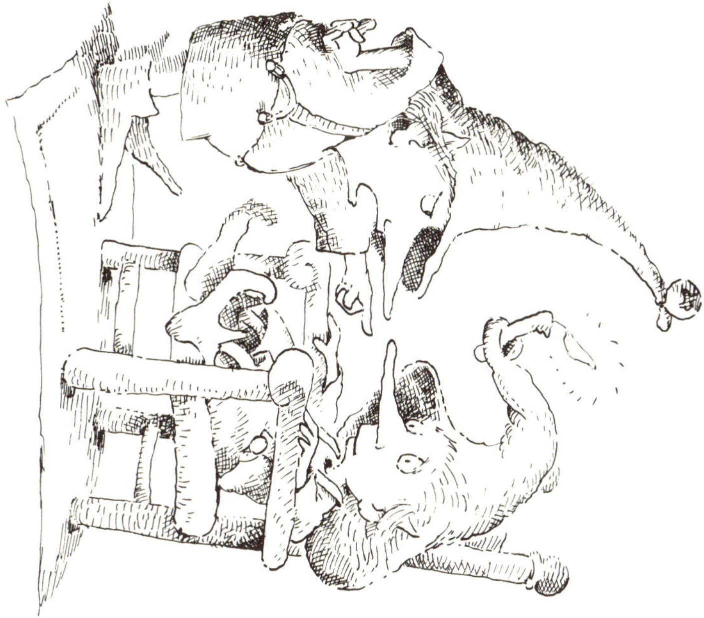

22

Pourquoi t'acharnes-tu
contre toi-même sans
résultat ? Arrête.
N'as-tu pas, au fond,
une demande insatisfaite ?
Découvre-la et fais en sorte
d'y répondre.

23

Quand tout va de travers,
tu es perdu et tu as besoin
de réconfort. Recherche-le.
Après, tu seras plus à même
pour réfléchir
à ce que tu dois faire.

24

Si le fait d'avoir
à parler à quelqu'un
que tu ne connais pas
te panique, détends-toi.
Jette-toi à l'eau
au lieu de ressasser ce problème
dans ta tête. Si ça ne va pas,
tu peux toujours t'arrêter.

25

Si tu fais quelque chose que tu n'aimes pas (fumer ou trop manger), arrête. Pense à ce que tu veux vraiment. Si tu es bloqué et que tu n'as pas les idées claires, parles-en ouvertement à quelqu'un.

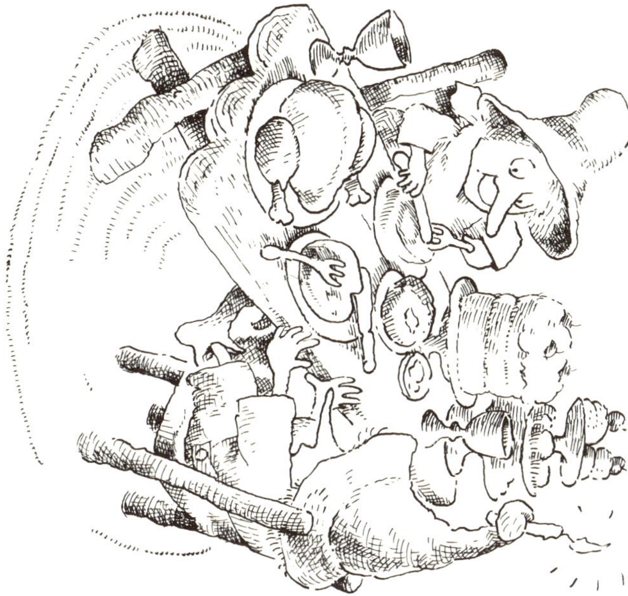

26

Si tu n'arrives plus
à aligner deux idées
correctement, arrête.
Écoute ce que tu ressens.

27

Si tu as besoin d'amour,

va voir ceux qui t'aiment.

28

Quand tu es perdu,
c'est en général parce que
tu mélanges ce que tu dois faire
avec ce que tu as envie de faire.
Le mieux est peut-être
de le dire à haute voix ou
par écrit, ou d'exprimer
ce problème à un ami.

CHEMIN DES MYRTILLES
COIFFEUR
VUE PANORAMIQUE
PRAIRIE
HOSPICE
PÊCHE
MARCHE

29

Lorsque tu te sens stressé,
décompresse.
Ralentis réellement
ta respiration,
prends ton temps
pour parler et bouger.

Herbes
et
épices

30

Si tu as envie de pleurer,

laisse-toi aller.

31

Si tu n'oses pas pleurer

là où tu es,

ne renie pas ta tristesse,

pense à pleurer plus tard.

Quand tu pourras le faire,

laisse-toi aller.

32

Que tu sois en colère
si quelqu'un te fait
un mauvais coup,
c'est normal.
Mais fais-le de façon
constructive.

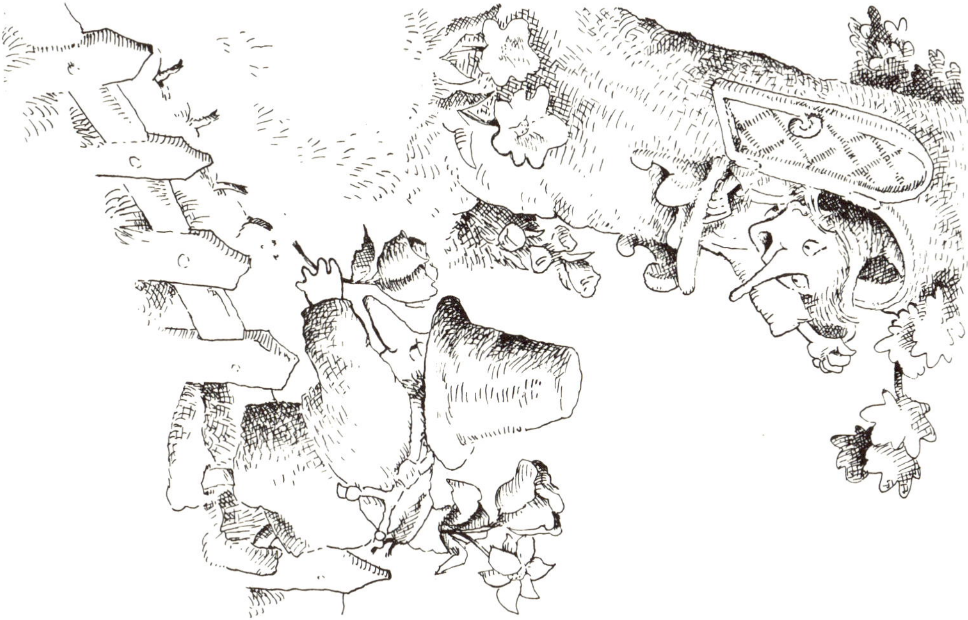

33

Quand tout te semble gris,
mets de la couleur
dans ta vie.

34

Quand tu te sens
comme un enfant,
prends soin de cet enfant.

35

Si on te fait un cadeau,
il n'y a qu'une chose à faire :
remercier.
Un cadeau ne t'achète pas.

36

Quand quelqu'un t'aime,
accepte-le tout simplement
et réjouis-toi.
Aimer est un acte libre
et rien ne t'oblige
à y répondre.

37

Si tu n'es pas d'accord avec l'un
de ces « trucs »,
dis-le à un ami.
Pense à tout ça pour que
cela devienne ton « truc »
et écris-le.

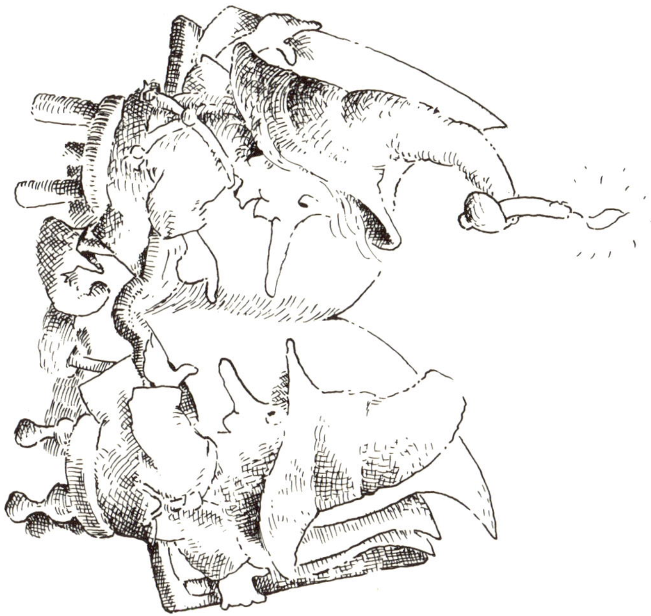

Dans la même collection

1. Un temps pour être bien dans sa peau

2. Un temps pour tenir debout

3. Un temps pour le pardon

4. Un temps pour le jeu

5. Un temps pour l'amitié

6. Un temps pour ton anniversaire

Achevé d'imprimer en avril 1997 par Jean-Lamour - Maxéville
Dépôt légal : juin 1996 - N° Éd. : 10287
Imprimé en France